工会工作知识题库系列丛书

U0866476

中国工人运动史知识题库

学习强会 编

中国工人出版社

图书在版编目（CIP）数据

中国工人运动史知识题库 / 学习强会编 . —
北京：中国工人出版社，2023.6

ISBN 978-7-5008-8205-3

Ⅰ . ①中…　Ⅱ . ①学…　Ⅲ . ①工人运动 - 历史 - 中国 - 干部培训 - 习题集　Ⅳ . ① K261.3-44

中国国家版本馆 CIP 数据核字（2023）第 099625 号

中国工人运动史知识题库

出 版 人　董　宽
责任编辑　周子欣　赵晨羽
责任校对　张　彦
责任印制　栾征宇
出版发行　中国工人出版社
地　　址　北京市东城区鼓楼外大街45号　邮编：100120
网　　址　http://www.wp-china.com
电　　话　（010）62005043（总编室）
（010）62005039（印制管理中心）
（010）62382916（工会与劳动关系分社）
发行热线　（010）82029051　62383056
经　　销　各地书店
印　　刷　北京市密东印刷有限公司
开　　本　787毫米 × 1092毫米　1/32
印　　张　3.875
字　　数　54千字
版　　次　2023年7月第1版　2023年7月第1次印刷
定　　价　16.00元

目　录
CONTENTS

单项选择题

扫码闯关答题

1. 1919 年五四运动前夕，中国产业工人已达（　）人，成为一支日益重要的新兴力量。

A. 100 万　　B. 150 万　　C. 200 万　　D. 280 万

2. （　）是中国新民主主义革命的开端，也是中国工人阶级以独立姿态登上历史舞台的标志。

A. 五四运动　　B. 五一运动

C. 新文化运动　　D. 保路运动

3. 党的早期组织建立的第一个新型工会——（　）宣告成立，最初会员有 370 余人。

A. 上海印刷工会　　B. 上海机器工会

B. 广东机器工会　　D. 香港海员工会

4. 党在成立后就十分注意与工人阶级建立密切的联系。《中国共产党第一个决议》规定，党在当前的基本任务是（　），党应在工会里灌输阶级斗争的精神，要派党员去工会工作。

A. 成立产业工会　　B. 成立党支部

B. 成立农协会　　D. 成立青年团

5. 为了大力开展工人运动，1921 年 8 月，中国共产党在上海成立了第一个公开领导职工运动的总机关——（　）。

A. 中央职工运动委员会　　B. 中国劳动组合书记部

C. 中华全国总工会　　D. 工人运动委员会

6. “七十年来赫赫奕奕的大英帝国主义终于在中国海员的威力之下屈服了。”这个被邓中夏高度赞誉的事件是（　），它的胜利增强了工人阶级斗争的勇气和信心，推动了全国工人运动的发展。

A. 京汉铁路工人大罢工　　B. 安源路矿工人大罢工

C. 开滦煤矿工人大罢工　　D. 香港海员大罢工

7. 1922 年 5 月，第一次全国劳动大会在（　）召开，这是中国工人阶级第一次全国性的盛会。

A. 北京　　B. 上海

C. 广州　　D. 长沙

8. 第一次确立中国革命工会实行产业组合原则的是（　）。

A. 第一次全国劳动大会

B. 第二次全国劳动大会

C. 第三次全国劳动大会

D. 第四次全国劳动大会

9. 中国共产党第一次独立领导并取得完全胜利的大罢工是（　）。

A. 京汉铁路工人大罢工

B. 开滦煤矿工人大罢工

C. 香港海员大罢工

D. 安源路矿工人大罢工

10. 在中国工人运动史上，“（　）的确开了中国职工运动史上最光荣的新纪录”，具有非常重要的地位和重大的意义。

A. 第一次劳动大会　　B. 第二次劳动大会

C. 第三次劳动大会　　D. 第四次劳动大会

11. 中华全国总工会成立于（　）年，是全国工人阶级在中国共产党的领导下，实现了全国工会在政治上与组织上的团结与统一的标志。

A. 1924　　B. 1925　　C. 1926　　D. 1927

12. 省港大罢工历时（　），是世界工运史上时间最长的一次大罢工。

A. 1 年零 2 个月　　B. 1 年零 3 个月

C. 1 年零 4 个月　　D. 1 年零 5 个月

13. 北伐战争期间，为了配合北伐进军，推翻北洋军阀的反动统治，上海工人在中国共产党的领导下举行了（　）武装起义。

A. 一次　　B. 二次　　C. 三次　　D. 四次

14. 《中国职工运动简史》是一部最早反映中国工人运动的历史著作，它的作者是著名的工运领袖（　）。

A. 刘少奇　　B. 邓中夏

C. 李立三　　D. 罗章龙

15. 面对四一二反革命政变，1927 年 8 月，中华全国总工会发表了（　），号召全国工人赶快团结起来，进行不屈不挠的英勇抵抗。

A.《中华全国工人斗争纲领》

B.《对黄色工会问题决议案》

C.《职工运动决议案》

D.《反抗压迫工人工会的宣言》

16. 1928 年中共六大召开后，为加强对工人运动的领导，中共中央成立了以项英为书记的（　），健全了中华全国总工会的领导机构。

A. 中国劳动组合书记部　　B. 中华全国总工会

C. 中央职工运动委员会　　D. 工人运动委员会

17. 1931 年的（　），是苏维埃区域首个以国家基本法形式颁布的劳动法。

A.《中华苏维埃共和国宪法大纲》

B. 《中华苏维埃共和国劳动法》

C. 《中华苏维埃共和国劳动保护法》

D. 《中华苏维埃共和国土地法》

18. “劳动模范”的称谓源于二十世纪三十年代的苏区，第一次出现是写在（　）上的。

A. 报纸　　B. 墙报　　C. 宣传单　　D. 竹笠

19. 1933年，中华全国总工会迁入苏区，撤销原全国总工会苏区执行局，改设（　）。

A. 全国总工会苏区中央执行局

B. 全国总工会西北执行局

C. 苏区反帝同盟会

D. 苏区工人运动委员会

20. 1933年“八一”节，在瑞金举行由中华全国总工会苏区中央执行局主持筹建的（　）成立大会。

A. 工人赤卫队　　B. 工人自卫军

C. 工会纠察队　　D. 红军工人师

21. 1935年，红军领导创建黔北苏区根据地，并成立了长征中唯一一个县级赤色工会——（ ），在长征史上留下了光辉的一页。

A. 铜仁赤色工会　　B. 遵义赤色工会

C. 毕节赤色工会　　D. 安顺赤色工会

22. 1935年10月，中共中央在陕甘宁革命根据地吴起镇召开会议，决定成立全国总工会西北执行局，由（ ）同志担任委员长。

A. 刘少奇　　B. 项　英

C. 邓　发　　D. 陈　云

23. 1936年11月，在中国共产党领导的工会组织主导下，（ ）全市30家日本纱厂4万余名工人举行罢工，迫使日本资本家部分接受罢工条件。

A. 青岛　　B. 广州　　C. 北平　　D. 上海

24. 1937年7月7日卢沟桥事变后，（ ）工人立即组织战地服务团奔赴前线支援抗战。

A. 长辛店　　B. 张仪村

C. 榆树庄　　D. 大瓦窑

25. 1937 年 12 月 9 日，陕甘宁边区总工会临时委员会发布（ ），号召全国工人应立即动员起来、组织起来、武装起来，参加前线和后方的抗战工作。

A. 《陕甘宁边区总工会章程》

B. 《致全国工友书》

C. 《工会工作大纲》

D. 《告工人书》

26. 陕甘宁边区总工会成立于（ ）年。

A. 1936　B. 1937　C. 1938　D. 1939

27. 1938 年春，（ ）在中国共产党的领导下，在日本侵略者的“战地后方”举行了五矿同盟大罢工，给日本侵略者“以战养战”策略以极大打击。

A. 开滦煤矿工人　B. 枣庄煤矿工人

B. 大同煤矿工人　D. 抚顺煤矿工人

28. 1938 年 3 月 5 日，中国劳动协会在中国共产党的推动和帮助下，联合上海、广州、武汉、南京等地的十多个劳工团体，在武汉发起建立（ ）筹备会。

A. 中国工人抗敌总会

B. 中国海员团体救国联合会

B. 上海职业界救亡协会

D. 上海工人救亡协会

29. 抗日战争时期，中国共产党为培养工会干部创办的第一所工会干部学校是（　）。

A. 陕北公学

B. 华北联合大学

C. 延安工人学校

D. 陕甘宁边区职业学校

30. 1939 年 2 月，中共中央在延安召开生产动员大会，毛泽东提出（　）的口号。

A. 劳动光荣　　B. 劳动竞赛

C. 坚持抗战　　D. 自己动手

31. 1940 年 2 月，中共中央职工运动委员会机关刊物（　）复刊，毛泽东亲自为它题写刊名，并撰写了发刊词。

A. 《中国工人》　　B. 《中国青年》

C. 《中国妇女》　　D. 《中国通讯》

32. 1942 年，从陕甘宁边区开始的赵占魁运动和由这一运动发展成为各抗日根据地的新劳动者运动，是由中央职工运动委员会和陕甘宁边区总工会发起，经毛泽东倡导的（　）运动。

A. 大生产　　B. 群众性生产竞赛

B. 节约　　D. 支前

33. 被毛泽东称为“中国式的斯达汉诺夫”的是（　）。

A. 吴满有　　B. 张秋风

C. 甄荣典　　D. 赵占魁

34. 被誉为新四军兵工事业的创建者的是（　）。

A. 吴运铎　　B. 沈　鸿

C. 钱志道　　D. 刘　鼎

35. （　）年，陕甘宁边区第一届劳动英雄及模范生产工作者代表大会在延安召开，这次大会被誉为“中国历史上第一次出现的”，是“中国劳动人民空前荣典”的大会。

A. 1942　　B. 1943　　C. 1944　　D. 1945

36. 为了促进解放区和全国工人运动的统一，并争取参加美、英、法、苏等国工会发起召开的世界职工大会，由陕甘宁边区总工会提议，1945 年 4 月，各解放区工会代表在延安开会，决定成立（　）。

A. 中国劳动协会分工会

B. 解放区工人联合会

C. 中国解放区职工联合会筹备委员会

D. 中国解放区职工联合会

37. 1945 年 10 月 4 日，在世界工联第一届代表大会上，（　）代表中国工会提出争取和平民主、反对独裁内战，争取工人权利、改变工人地位，促进工人运动团结统一等八项主张，表达了中国工人阶级争取工会权利、团结一致要求进步的坚定意志，得到各国工会代表的热烈赞扬和支持。

A. 陈　云　　B. 邓　发

C. 李立三　　　　　　　　D. 刘长胜

38. 1947 年 2 月 7 日，（　）发表题为《中国工人阶级今天的任务》的社论，号召解放区工人开展“新英雄主义的竞赛”，为多造武器弹药而斗争。

A. 《人民日报》　　　　　B. 《工人日报》

C. 《解放日报》　　　　　D. 《新华日报》

39. “五一口号”特指中国共产党中央委员会于 1948 年 4 月 30 日发布的纪念“五一”劳动节口号，一共（　）条。

A. 20　　B. 21　　C. 22　　D. 23

40. 解放战争时期，为了支援人民解放军以自卫战争粉碎国民党的全面进攻，晋冀鲁豫军区组织 19 个兵工厂开展了一场（　）生产竞赛活动。

A. 争创刘伯承工厂　　　　B. 改造管理制度

C. 提高产品质量和数量　　D. 献纳器材

41. 1948 年 8 月 1 日至 22 日，（　）全国劳动大会在东北解放区首府哈尔滨召开，会议决定恢复具有光荣革命传统的中华全国总工会。

A. 第四次　　B. 第五次

C. 第六次　　D. 第七次

42. 在中华全国总工会第六届执委会第一次全体会议上，（　）当选中华全国总工会主席。

A. 陈　云　　B. 李立三

C. 朱学范　　D. 刘宁一

43. 1947 年至 1949 年，党在东北工业领域开展了一场“献纳器材运动”，涌现了一大批模范人物，其杰出代表就是老工人（　）。

A. 赵国有　　B. 马恒昌

C. 王崇伦　　D. 孟　泰

44. 中华全国总工会恢复重建后，先后两次南迁。1949 年 2 月，迁往（　）。

A. 沈阳　　B. 天津　　C. 北平　　D. 北京

45. 1949 年 6 月 30 日，毛泽东发表《论人民民主专政》一文，明确指出，人民民主专政需要（　）领导。

A. 工人阶级　　　　B. 农民阶级

C. 职业革命者　　　D. 党的领袖

46. （　）是在中国革命和中国社会历史的伟大转变关头，继第六次全国劳动大会以来，在中共中央领导下召开的集中讨论工会工作问题的一次重要会议，对于中国工人运动具有重大的历史转折意义。

A. 中共七届二中全会

B. 全国工会工作会议

C. 华北第一届职工代表会议

D. 全国总工会第六届执委会首次常委会

47. 为了贯彻中共七届二中全会精神，1949 年 7 月，中华全国总工会在北平召开全国工会工作会议，提出要用（　）时间基本把全国工人阶级组织起来，开展大家办工会运动。

A. 半年左右　　　　B. 一年左右

C. 一年半左右　　　D. 两年左右

48. 中华全国总工会迁入北平后，为了通过新闻报道宣传工会声音，加强对职工的宣传教育，于1949年7月15日创办了机关报（ ）。

A.《大众日报》 B.《群众日报》

C.《劳动报》 D.《工人日报》

49. 为了提高工会干部的理论政策水平和业务水平，给各地工会培养领导骨干，1949年9月，中华全国总工会将天津的华北职工干部学校改为中华全国总工会干部学校，由（ ）兼任校长。

A. 李立三 B. 赖若愚

C. 狄子才 D. 张云莹

50.《中国工人》创刊于（ ）年，由毛泽东同志题写刊名，是一份具有悠久历史和光荣传统的刊物。

A. 1924 B. 1925 C. 1926 D. 1927

51. 新中国成立后党十分注重对工人权利的尊重和保护。1950年中华全国总工会批准中国纺织工会代表会议《关于废除"搜身"制度的决议》，全面废除了反动统治时代遗留下来的（ ），切实保障了工人的人身自由。

A. 包身工制　　B. 养成工制

C. 学徒工制　　D. 搜身制

52. 1950年6月29日，毛泽东发布中央人民政府命令，公布（　），这是新中国成立后颁布的第二部法律，也是新中国成立后国家颁布的第一部关于工会的法律。

A.《婚姻法》　　B.《土地法》

C.《工会法》　　D.《劳动合同法》

53. 1950年《工会法》规定，在一切企业、机关和学校中，以工资为自己生活来源之全部或者主要来源的体力与脑力的雇佣劳动者及无固定雇主的雇佣劳动者，均有（　）工会之权。

A. 组织　　B. 参加　　C. 发展　　D. 举办

54. 1950年9月25日，在北京隆重召开全国工农兵劳动模范代表会议，这是新中国成立后第一次全国劳模表彰大会，授予全国劳动模范称号（　）人。

A. 464　　B. 853　　C. 3267　　D. 2686

55. 为进一步保障职工的安全与健康，救济和减轻职工因突然灾害、疾病而造成的困难，1951 年 2 月 26 日，政务院总理周恩来签署颁布实施（　），对职工的生、老、病、死、伤、残等实行保险，进一步鼓舞和调动了广大职工的生产积极性和主人翁的责任感。

A. 《劳动保护条例》　　B. 《劳动保险条例》

C. 《劳动安全条例》　　D. 《劳动保障条例》

56. 20 世纪 50 年代初，一个英雄集体——（　）闻名于全国，带动了一场席卷神州大地的热火朝天的爱国主义劳动竞赛。

A. “毛泽东号”机车组　　B. 张子富生产突击组

C. 马万水掘金队　　D. 马恒昌小组

57. 抗美援朝战争爆发后，广大职工群众提出了（　）口号，夜以继日奋战在工矿企业，为志愿军生产武器弹药、军需用品。

A. 为保卫祖国，进行坚决的斗争

B. 增强抗美援朝力量，加强生产支援前线

C. 工厂即战场，机器即枪炮

D. 要人出人，要物出物

58. 1953 年 1 月，全国总工会六届二次执委会作出召开第七次全国劳动大会决定，并根据全国工会组织已经统一的现实情况，将“第七次全国劳动大会”更名为（　）。从此，“工会代表大会”这一名称一直沿用至今。

A. 中国工会第七次全国代表大会

B. 第七届全国职工代表会议

C. 第七届职工运动委员会会议

D. 第七届工人代表大会

59. 实现（　）是过渡时期总路线的主体。

A. 社会主义工业化

B. 对个体农业的社会主义改造

C. 对手工业的社会主义改造

D. 对资本主义工商业的社会主义改造

60. “一五”计划是（　）年新中国发展国民经济的第一个五年计划，为我国社会主义工业化奠定了初步基础，并开始形成高度集中的计划经济管理体制。

A. 1950—1955　　B. 1952—1956

C. 1953—1957　　D. 1954—1958

61. 在全国人民参加和支持工业化建设的热潮中，工人阶级一马当先。中华全国总工会发出号召：进一步开展（　）劳动竞赛，保证全面完成国家生产计划。

A. 增产立功　　B. 增产节约

C. 技术革新　　D. 合理化建议

62. “一五”计划期间，鞍钢技术革新能手（　）发明和改进了“万能工具胎”，一年完成三年的劳动定额。

A. 王崇伦　　B. 徐连贵

C. 李裕银　　D. 田桂英

63. “一五”计划期间，国营青岛第六棉纺织厂细纱值车女工郝建秀的（ ）在纺织系统全面推开后，各地棉纺厂不断刷新生产纪录。

A. 五一织布工作法　　B. 保全工作法

C. 细纱工作法　　D. 流水作业法

64. 为动员工人群众参与资本主义工商业改造，中华全国总工会召开七届二次主席团会议，通过了（ ），对如何开展资本主义工业中的工会工作作出了明确规定。

A. 《关于加强私营商业中店员工会工作的报告》

B. 《关于加强资本主义工业中的工会工作的指示》

C. 《关于发展农业生产合作社的决议》

D. 《关于动员职工支援农业合作化和农业生产的决议》

65. 1954年9月，第一届全国人民代表大会一致通过了《宪法》，把中国人民行使当家作主权利的政治制度用（ ）确定下来，并指明了为建设社会主义社会继续奋斗的正确道路。

A. 根本大法　　B. 法律法规

C. 规范性文件　　D. 党内法规

66. 1955 年 10 月 2 日，第一届（　）在北京先农坛运动场隆重开幕。党和国家领导人毛泽东、刘少奇、周恩来、朱德、邓小平、贺龙等出席大会开幕式，体现了党和人民政府对于开展群众性体育运动的关怀。

A. 全国工人运动会

B. 全国农民运动会

C. 全国大学生运动会

D. 全国少数民族传统体育运动会

67. 1956 年在北京举办了中国第一届登山训练班，培养出了中国早期的第一批登山运动员，组成中国第一支登山队——（　），并于同年 6 月登上了四川西部海拔 7556 米的贡嘎山顶峰。

A. 中国登山队

B. 中华全国总工会登山队

C. 北京大学登山队

D. 清华大学登山队

68. （ ）是1956年在全国工矿企业和基建领域开展的一次规模空前的群众性劳动竞赛。运动充分激发出广大职工群众的生产积极性，对第一个五年计划的圆满完成起到了积极作用。

A. 技术革新运动　　B. 比学赶帮运动

C. 先进生产者运动　　D. 劳模运动

69. 在新中国成立初期工运理论探索中，（ ）提出了“保护职工群众物质利益和民主权利是工会的独特任务”的重要观点。

A. 刘少奇　　B. 李立三

C. 邓子恢　　D. 赖若愚

70. 1957年，中共中央决定在企业中试行（ ）制度，目的是更好贯彻群众路线，调动积极因素，确保国民经济计划的落实。

A. 工厂管理委员会　　B. 职工代表会议

C. 职工代表大会　　D. 劳资协商会议

71. 1957 年 12 月 2 日，中国工会第八次全国代表大会在北京召开。出席大会的代表有 989 人，代表全国（　）名会员。这是一次规模很大、盛况空前的大会。赖若愚当选中华全国总工会主席。

A. 1630 万　　B. 1780 万

C. 1880 万　　D. 1980 万

72. 从中国工会第十次全国代表大会起，新设了（　）职务。

A. 书记处书记

B. 书记处第一书记

C. 经费审查委员会主任

D. 经费审查委员会副主任

73. 在 1958 年的社会主义建设高潮中，黑龙江省的 3 家兵工企业建华机械厂、华安机械厂和庆华工具厂创造了工人参加管理、干部参加劳动、改革不合理规章制度三项经验，又在总结长春第一汽车制造厂技术人员、工人、干部三结合的基础上，形成了（　）。不久，被毛泽东概括到著名的“鞍钢宪法”中。

A. “两参一改三结合”

B. “三个主体三个补充”

C. “三三制”

D. “三同时”

74. 在先进生产者运动中，广大职工逐步形成了“比学赶帮”的热潮。1959年，周恩来在劳模大会上肯定了“比学赶帮”活动，又增添了（　）的内容。

A. “追”　　B. “争”

C. “助”　　D. “超”

75. 1959年10月在全国群英会上，劳动模范、淘粪工人（　）受到国家主席刘少奇的亲切接见。

A. 任永祥　　B. 王进喜

C. 孟　泰　　D. 时传祥

76. （　）活动兴起于20世纪60年代初，围绕生产经营，攻克技术难关，曾为经济发展作出积极贡献，被誉为“中国工人阶级的伟大创举”。

A. 比学赶帮超　　B. 职工技术协作

C. 区域间协作　　D. 三结合

77. 1964年，毛泽东提出开展（　）的号召，在全国各行各业掀起了学习大庆经验的热潮。

A. 工业学大庆　　B. 农业学大寨

C. 全国人民学解放军　　D. 解放军学全国人民

78. “石油工人一声吼，地球也要抖三抖。石油工人干劲大，天大困难也不怕。”这首诗是被人们誉为“铁人”的（　）率队到大庆参加石油大会战期间创作的，表达了作者的革命乐观主义精神和浪漫主义情怀。

A. 马德仁　　B. 段兴枝

C. 王进喜　　D. 薛国邦

79. 1963年4月9日，中华全国总工会发出通知，要求组织职工贯彻（　）精神，深入开展增产节约运动。

A. “一厘钱”　　B. 勤俭办企业

C. 降低成本　　D. 减少废支

80. 1978年10月11日，中国工会（　）全国代表大会的召开标志着中国工人运动开始进入改革开放新时期。

A. 第九次　　B. 第十次

C. 第十一次　　D. 第十二次

81. 1991年末，中华全国总工会作出决定：1992年元旦春节期间，在全国范围开展（　）。

A. 金秋助学活动　　B. 农民工平安返乡

C. 送温暖活动　　D. 大病医疗补助

82. 第一次全国劳动大会确定了（　）对全国工人运动的领导地位。

A. 中国共产党　　B. 中国国民党

C. 中国民主同盟　　D. 中国民主建国会

83. （　）中国工会第九次全国代表大会在北京隆重举

行。这次大会是与中国工会八大相隔 21 年之后，我国社会主义建设事业进入新的历史发展时期工会的首次盛会。

A. 1978 年 10 月 11 日至 21 日

B. 1979 年 10 月 11 日至 21 日

C. 1980 年 10 月 11 日至 21 日

D. 1981 年 10 月 11 日至 21 日

84. 1978 年 12 月，具有伟大转折意义的党的（　）召开，对中国工人运动和工会工作的发展产生了重大而深远的影响。

A. 十一届二中全会　　B. 十一届三中全会

C. 十一届四中全会　　D. 十一届五中全会

85. 为了贯彻党的十一届三中全会精神，中华全国总工会于 1979 年 2 月召开了九届二次常委会议，强调："工会的一切工作、一切活动都应该紧紧围绕着（　）这个中心进行。"

A. 以阶级斗争为纲

B. 无产阶级专政下继续革命

C. 社会主义现代化建设

D. 社会主义民主和法制建设

86. 1920年3月以后，在出版的工人刊物中，用通俗的语言，向工人宣传马克思主义。这些刊物歌颂了（ ）。

A. 劳工神圣　　B. 劳动神圣

C. 劳动光荣　　D. 劳工高尚

87. 中国工会九大后，为恢复和健全工会组织，加强工会组织建设特别是基层工会组织建设，中华全国总工会于1981年召开了（ ）。

A. 全国工会基层工作座谈会

B. 全国女工工作会议

C. 全国工会劳动保险工作会议

D. 全国企业民主管理座谈会

88. 在20世纪80年代的社会主义精神文明建设中，有一句风靡一时的流行语，它就是中华全国总工会、共青团中央等九单位联合向全国人民特别是青少年倡导的（　）。

A. 做“四有”新人　B. 做“文明之花”

C. “五讲四美三热爱”　D. “四有三讲两不怕”

89. 为了加强工会法制建设，1981 年 7 月，经党中央批准，中华全国总工会成立了（　），积极参与政府和产业部门制定有关法律、条例的工作。

A. 法律顾问室　B. 法律顾问处

C. 法律顾问所　D. 法律顾问委员会

90. （　）是企业实行民主管理的基本形式。1981 年党的十一届六中全会通过的《关于建国以来党的若干历史问题的决议》把其作为党在全面建设社会主义现代化时期的重要经验，永载史册。

A. 企业民主管理　B. 职工代表大会

C. 工厂委员会　D. 职工委员会

91. 邓小平提出建设“有中国特色的社会主义”的科学命题是在（　）上。这一指导思想的提出，树立起了一面凝聚全党、工人阶级和全国各族人民进行改革开放和现代化建设的鲜明旗帜。

A. 党的十一届三中全会　B. 党的十一届六中全会

C. 党的十二大　D. 党的十三大

92. 党的十二大召开后，经济体制改革全面展开。城市经济体制改革的中心环节是（　）。

A. 增强企业活力　B. 企业承包经营制改革

C. 股份制改革　D. 非公有制改革

93. 我国现行《宪法》制定于（　）年。

A. 1954　B. 1975　C. 1978　D. 1982

94. 进入改革开放新时期后，中国工人阶级队伍出现了历史性变化。为了搞清楚工人阶级的基本状况，中共中央书记处研究室会同中华全国总工会于 1982 年 3 月初至 4 月中旬组织了一次对当时全国工人阶级状况的系统调查，这是新时期对职工队伍状况的（　）调查。

A. 第一次　B. 第二次

C. 第三次　　　　D. 第四次

95. （　）于1982年由上海市总工会会同有关单位共同组织，开始时以学“三史”（中国近代史、社会发展史、中国革命史）、接受爱国主义教育为主要内容，进而发展成为学政治、学经济、学科学、学技术、学文化等多学科内容广泛的求知活动。

A. 全民阅读活动

B. “振兴中华”读书活动

C. 党史学习教育读书活动

D. 职工主题教育读书活动

96. 新中国成立以来，第一次比较全面系统地阐述企业职工思想政治工作的文件是（　）。

A. 《努力开创企业思想政治工作新局面》

B. 《充分发挥工会共产主义学校的作用》

C. 《关于加强职工教育工作的决定》

D. 《国营企业职工思想政治工作纲要（试行）》

97. 1983年10月18日至29日，中国工会第十次全国代表大会在北京召开，（　）当选为中华全国总工会主席。

A. 倪志福　　B. 顾大椿

C. 尉健行　　D. 罗　干

98. 中国工会十大报告指出，工人阶级是先进生产力和生产关系的代表，是社会主义现代化建设的（　）力量。

A. 主要　　B. 主导　　C. 主体　　D. 主干

99. 从中国工会十大开始，中国工会每（　）召开一次会员代表大会已成惯例，这与中共每五年召开一次的全国代表大会相一致，便于接受党的领导、贯彻党的全国代表大会确定的方针任务。

A. 三年　　B. 五年　　C. 七年　　D. 九年

100. 工会建设“职工之家”活动发源于 20 世纪 80 年代初（　）率先开展的“双争”竞赛活动。

A. 沈阳市总工会　　B. 锦州市总工会

C. 营口市总工会　　D. 盘锦市总工会

101. 1985年2月，《职工自学成才奖励暂行条例》颁布。同年6月，中华全国总工会对50名数年、十数年、数十年坚持自学、锲而不舍，对繁荣科学、技术进步、发展生产作出显著贡献的自学成才职工，首次颁发了（　）。

A. 学历证书　　B. 奖金

C. 助学金　　D. 职工自学成才奖

102. 新中国成立以来第一次专为女职工“五期”保护服务的文件是（　）。

A. 《女职工保健工作暂行规定（试行草案）》

B. 《女职工劳动保护规定》

C. 《女职工劳动保护特别规定》

D. 《女职工禁忌劳动范围规定》

103. 新时期职工技协队伍结构发生变化，由技能型向（　）发展。

A. 服务型　　B. 学习型

C. 知识型　　D. 创新型

104. 从20世纪80年代中期开始，国家在全国范围内有计划、有组织、大规模地开展扶贫开发工作。各级工会组织发扬工人阶级勇于改变祖国落后面貌和助人为乐的高尚风格，到边远贫困地区去，开展了（　）扶贫工作。

A. 教育　　B. 人才

C. 知识　　D. 技术

105. 随着“三资”企业的兴起，工会工作出现了新的领域。1985年5月，广东省颁布了我国经济特区第一个工会规章——（　）。这是依据国家法律规定、结合特区企业特点制定的一部地方性法规，它对经济特区工会的地位、职责以及港澳、台湾地区的工人及华侨和外籍员工入会等问题都作了详细具体规定。

A. 《广东省经济特区条例》

B. 《广东省经济特区涉外公司条例》

C. 《广东省经济特区企业工会规定》

D. 《广东省经济特区劳动条例》

106. 中国共产党制定《抗日救国十大纲领》的会议是（　）。

A. 瓦窑堡会议　　B. 洛川会议

C. 中共六届五中全会　　D. 中共六届六中全会

107. 1987 年 10 月召开的中共十三大，是中共历史上以（　）为主题的又一次重要会议。这次会议在总结中共十一届三中全会，特别是中共十二大以来经济体制和政治体制改革经验的基础上，进一步确定了今后五年经济建设、经济体制改革和政治体制改革的基本方针，要求加快和深化改革。

A. 改革　　B. 发展　　C. 变革　　D. 革新

108. 1988 年 10 月 22 日至 28 日，中国工会第十一次全国代表大会在北京人民大会堂隆重举行。来自全国各地区、各部门、各民族的 1515 名代表欢聚一堂。出席大会的还包括港澳劳动界、（　）等方面的特邀代表 282 名，体现了全国各族职工的团结和奋进。

A. 先进模范人物　　B. 工会工作者

C. 一线工人　　D. 个体劳动者

109. 中国工会十一大期间，安排了（　）位来自基层的工会十一大代表与70多位中外记者进行了生动活泼的座谈对话。这在新中国成立以来的工会代表大会史上尚属首次。

A. 10　　B. 16　　C. 20　　D. 26

110. 政府与同级工会（　）产生于改革开放的关键时期。1988年12月，陕西省人民政府与陕西省总工会第一次联席会议召开，开了这一制度的先河。

A. 协商制度　　B. 议事制度

C. 沟通制度　　D. 联席会议制度

111. 1988年4月，《全民所有制工业企业法》正式颁布，同年8月1日开始实施。它明确了（　）的法律地位，使企业制度建设步入法制轨道。

A. 全民所有制企业　　B. 集体所有制企业

B. 个体所有制企业　　D. 股份制企业

112. 1989 年 12 月，中共中央颁发《关于加强和改善对工会、共青团、妇联工作领导的通知》，阐明了社会主义建设时期加强和改善党对群众工作领导的重要意义，强调党组织要对工会、共青团、妇联实行（　）领导。

A. 整体　　B. 统一　　C. 分层　　D. 直接

113. 1989 年 9 月 28 日，中共中央、国务院在北京人民大会堂隆重召开全国劳动模范和先进工作者表彰大会，这是时隔（　）年后，全国各路群英欢聚一堂的又一次盛会，也是对国家十年改革和建设成果的一次检阅。

A. 10　　B. 20　　C. 30　　D. 40

114. （　）是 20 世纪 90 年代末热门的话题之一，是改善和加强基层政治民主建设的重要标志。

A. 厂务公开　　B. 民主监督

C. 民主管理　　D. 政务公开

115. 党的十四大正式把建立社会主义（　）确立为我

国经济体制改革的目标，标志着党对社会主义理论和改革开放实践认识发生了新的飞跃。

A. 计划经济体制　　B. 市场经济体制

C. 混合所有制　　D. 按劳分配制度

116. 江泽民在中国工会十二大上提出了“积极探索有（　）的新路子，努力开创工会工作新局面”的要求，推动了向社会主义市场经济转变过程中工会工作新思路的探索与实践。

A. 中国特色社会主义工会工作

B. 中国特色社会主义工会运动

C. 中国特色社会主义工人运动

D. 中国特色社会主义劳动者运动

117. 1992 年 4 月 3 日，修改后的（　）正式颁布实施，这是中国职工政治生活中的一件大事，也是工会建设史上的一件大事。

A. 《劳动法》　　B. 《劳动合同法》

C. 《工会法》　　D. 《就业促进法》

118. 市场经济是法制经济。《工会法》颁布以来，中华全国总工会注重（　）参与，先后参与了《劳动法》《公司法》等涉及职工劳动权利、民主管理权利、社会保障以及住房物价等方面的立法。

A. 顶层　B. 总体　C. 系统　D. 源头

119. 1994年7月5日，全国人民代表大会常务委员会第八次会议审议通过《劳动法》，自（　）起施行。

A. 1994年7月5日　B. 1995年1月1日

C. 1995年5月1日　D. 1995年10月1日

120. 《劳动法》的基本宗旨是（　），调整劳动关系，建立和维护适应社会主义市场经济的劳动制度，促进经济发展和社会进步。

A. 保护劳动合同双方的合法权益

B. 保护用人单位的劳动用工权益

C. 保护企业家的合法权益

D. 保护劳动者的合法权益

121. “以贯彻实施《劳动法》为契机和突破口，带动工会各项工作，推动自身改革和建设，努力把工会工作提高到一个新水平，在改革、发展、稳定中更好地发挥作用。”这是中华全国总工会第十二届二次执委会议确定的新时期（　）。

A. 工会工作总体思路　　B. 工会工作基本原则

C. 工会工作具体措施　　D. 工会工作基础理论

122. 1993年10月24日至30日，中国工会第十二次全国代表大会在北京召开。大会选举（　）为中华全国总工会主席。

A. 尉健行　　B. 张丁华

C. 杨兴富　　D. 李奇生

123. 工会工作总体思路明确了在社会主义初级阶段，工会组织赖以存在的客观基础是（　）。

A. 经济关系　　B. 社会关系

C. 劳动关系　　D. 法律关系

124. 1994年5月，中央领导在有关蛇口工业区工会工作的报告上批示，给予充分肯定，工会“蛇口模式”走向全国，其创新的（　）维权模式，成为新形势下中国工会的重要维权形式与方法。

A. 主动　　B. 依法

C. 协调沟通　　D. “上代下”

125. 在贯彻工会工作总体思路时，宝安工会从本区域内新经济组织众多的实际出发，在全国率先形成适应新经济组织要求的（　）工会领导体制，使企业工会突出维护职能，加大调整劳动关系力度，有了可靠的组织领导体制上的保证。

A. “小三级”　　B. “大三级”

C. “小二级”　　D. “大二级”

126. 20 世纪 90 年代，非公企业劳动关系存在许多不容忽视的问题。为了更好地协调劳动关系，发挥工会“在维护职工合法权益、共谋企业发展中积极作用”，1995 年开始，（　）活动率先在外资企业中开展。

A. “职工小家”建设　　B. “五小”竞赛

C. “双爱双评” D. “双亮”

127. 1997年3月，中华全国总工会按照中组部等四家联合通知制定了（ ）。要求结合企业领导班子的考核与建设，与党政有关部门密切配合，在党委的统一领导、统一部署、统一规范、统一检查下，切实加大民主评议企业领导干部的工作力度。

A. 《关于进一步加强和改进国有企业党的建设工作的通知》

B. 《关于职工代表大会民主评议企业领导干部的实施意见》

C. 《国有企业领导人员廉洁从业若干规定》

D. 《中央企业领导人员管理暂行规定》

128. 1997年9月，中国共产党第十五次全国代表大会在北京召开。党的十五大首次提出（ ）科学概念，并作为党的指导思想。

A. 邓小平理论

B. “三个代表”重要思想

C. 科学发展观

D. “中国梦”理论成果

129. 党的十五大提出：（　）为主体、多种所有制经济共同发展，是我国社会主义初级阶段的一项基本经济制度。

A. 公有制　　B. 国有经济

C. 私有制　　D. 市场经济

130. 20 世纪召开的最后一次中国工会全国代表大会是（　）。

A. 工会十大　　B. 工会十一大

C. 工会十二大　　D. 工会十三大

131. 为了完成中国工会十三大提出的今后五年工会工作主要任务，1999 年 10 月，中华全国总工会召开第十三届三次主席团会议，明确提出要实现工会工作的（　）。

A. “五突破一加强”　　B. “三个最大限度”

C. “两手抓”　　D. “两个普遍”

132. “五突破一加强”要求各级工会深入实施送温暖工程，对特困职工承担起（　）职责。

A. 第一支助人　　B. 第一责任人

C. 第一联系人　　D. 第一安抚人

133. 我国是（　）阶级领导的、以工农联盟为基础的人民民主专政的社会主义国家。

A. 无产　　B. 工人

C. 农民　　D. 知识分子

134. “哪里有职工，哪里就要建立工会组织。”这一工会组建原则出自 1999 年中华全国总工会在（　）召开的新建企业工会组建大会上。

A. 深圳　B. 宁波　C. 大连　D. 厦门

135. （　）是社会主义劳动竞赛在安全生产工作中的具体应用、实践和延伸。它是 20 世纪 80 年代中期由内蒙古自治区包头市总工会等部门首创，1998 年被中华全国总工会和原国家经贸委在进一步完善和充实活动内容、形式的基础上在全国推广。

A. “五小”竞赛　　B. 技术革新竞赛

C. 节能减排竞赛　　D. “安康杯”竞赛

136. 中国最早的产业工人产生于（　）以后。

A. 中日甲午战争　　B. 中法战争

C. 第一次鸦片战争　　D. 第二次鸦片战争

137. 毛泽东在《论人民民主专政》一文中指出，人民民主专政的主要基础是（　）。

A. 工人阶级和民族资产阶级的联盟

B. 工人阶级和农民阶级的联盟

C. 农民阶级和民族资产阶级的联盟

D. 工人阶级和城市小资产阶级的联盟

138. 跨入新世纪的第一年，中华全国总工会启动实施了群众性经济技术创新工程，这一活动的核心是（　）

A. 改革　　B. 变革　　C. 发展　　D. 创新

139. 2001 年修改的《工会法》首次明确“维护职工合法权益是工会的（　）”，为工会实现维护职能提供有力的法律依据和保障。

A. 基本任务　　B. 基本目标

C. 基本职责　　D. 基本原则

140. 困难职工帮扶中心是工会组织深入实施送温暖工程，促进社会稳定的主要载体和窗口。2002 年 1 月，全国第一个工会困难职工帮扶中心在（　）成立。

A. 北京　B. 天津　C. 上海　D. 重庆

141. 2002 年 11 月，中国共产党第十六次全国代表大会在北京举行，这是党在新世纪召开的第一次全国代表大会，提出（　）的奋斗目标，为工人运动和工会工作提出了新的历史任务。

A. 全面建设小康社会　　B. 科学发展观

C. 社会主义市场经济理论　D. 可持续发展战略

142. 中国工会第十四次全国代表大会是新世纪召开的第一次代表大会。在十四届执行委员会举行第一次全体会议上，推选（　）担任中华全国总工会主席。

A. 王兆国　　B. 张俊九

C. 孙宝树　　D. 周玉清

143. 2004 年，义乌市总工会以首创（　）引起社会关注。

A. “帮扶中维权”

B. “工会社会化维权模式”

C. “城际工会间维权合作”

D. “双向维权机制”

144. （　）工会维权观的提出，是新形势下党和政府对工会工作的迫切要求，是广大职工群众对工会组织的热切期待。

A. 履行职能，依法维护职工权益

B. 创新工会工作，主动科学维权

C. 服务职工，为职工说实话办好事

D. 坚持以职工为本，主动依法科学维权

145. 2006 年 12 月，在试行了半年后，中华全国总工会正式出台《企业工会工作条例》，确立了（　）的企业工会工作原则。

A. “促进企业发展、维护职工权益”

B. “构建和谐劳动关系”

C. “工作重心下移，维权关口前移”

D. “维护企业与劳动者的合法权益”

146. 工会开展的“创建学习型组织，争做知识型职工”活动始于（　）年，其宗旨是倡导终身学习理念，推动建设各类学习型组织，造就一支有理想、有道德、有文化、有纪律的职工队伍。

A. 2000　B. 2001　C. 2002　D. 2003

147. 工资集体协商是工会开展集体协商工作的重点。浙江温岭推行（　）的探索，是工资集体协商工作的一个观察样本，引起时任国务院总理温家宝的重视，于2007年11月26日作出重要批示：“温岭的做法可以总结推广。”

A. 区域性工资集体协商制度

B. 行业工资集体协商制度

C. 中小企业工资集体协商制度

D. 外商投资企业工资集体协商制度

148. 2006 年农民工权益保护问题首次被列为中华全国总工会全年四大工作重点之一。各级工会组织叫响（　）的口号，全面投身到切实维护农民工权益的活动中去。

A. “农民工有困难找工会”

B. “职工有困难找工会”

C. “农民工有困难找娘家人”

D. “关爱农民工”

149. （　）自 2006 年举办以来，紧跟两岸关系发展进程，围绕两岸劳动领域中的热点问题，沟通思想感情，共商发展大计，在深化两岸工会交流合作、推动两岸关系和平发展中发挥了重要作用。

A. “海峡论坛”

B. “两岸融合发展论坛”

C. “海峡两岸工会论坛”

D. “海峡两岸青年发展论坛”

150. 2008 年启动的（　）是中华全国总工会为保障广大职工特别是一线职工、农民工的基本文化权益，丰富基层职工精神文化生活，在全国工会开展的一项重要文化工程，是一项公益工程。

A. 职工书屋　　B. 农家书屋

C. 青年书屋　　D. 社区书屋

151. 中国梦的基本内涵是实现（　）。

A. 国家富强、民族振兴、人民幸福

B. 国家强大、民族振兴

C. 经济发展、社会和谐

D. 富国强兵、走向世界

152. 2008 年 10 月，中国工会第十五次全国代表大会在北京举行。在正式代表中有农民工代表（　）名，这是改革开放以来在中国工会代表大会上第一次出现农民工代表，体现了工会在新的时代背景下对农民工工作的重视。

A. 45　　B. 46　　C. 47　　D. 48

153. 2009年，中华全国总工会启动了一项涉及亿万职工的宏伟“工程”——（　），其目标是为国家培养和造就一支规模宏大的高素质职工队伍。

A. “中国梦·劳动美”主题教育活动

B. 全国职工素质建设工程

C. “求学圆梦行动”

D. “技能强国”工程

154. 2009年9月22日，由中华全国总工会举办的“时代领跑者——新中国成立以来最具影响的劳动模范”评选活动揭晓，经过公众投票和评委会评审，马恒昌、王进喜、袁隆平等（　）名劳模成为公众心中新中国成立以来最具影响的劳动模范。

A. 50　　B. 60　　C. 70　　D. 80

155. 2010年2月23日，王兆国在中华全国总工会第十五届五次主席团（扩大）会议上，首次提出（　）

的概念和内涵。

A. 劳模精神　　B. 劳动精神

C. 工匠精神　　D. 中国工人伟大品格

156. 中国的改革从（　）开始，这是符合中国国情的战略决策。

A. 农村　　B. 城市

C. 经济领域　　D. 政治体制

157. 2012年颁布的（　），是我国首次以六部门共同颁布规章的形式全面规范以职工代表大会为基本形式的企业民主管理制度，并且打破了企业所有制界限，明确非公有制企业也应实行民主管理。

A.《企业民主管理规定》

B.《关于规范召开企业职工代表大会的意见》

C.《关于推行区域（行业）职工代表大会制度的意见（试行）》

D.《关于大力开展厂务公开、职工代表大会建制专项行动的通知》

158. 2012年11月，中国共产党第十八次全国代表大会召开。大会贯穿始终的一条主线就是坚持和发展（　）。

A. 社会主义　　B. 改革开放

C. 共同富裕　　D. 中国特色社会主义

159. 中国工会第十六次全国代表大会于2013年10月18日至22日在北京举行。大会选举产生了中华全国总工会第十六届执行委员会，（　）当选为中华全国总工会主席。

A. 李建国　　B. 陈　豪

C. 刘国忠　　D. 陈荣书

160. 中国工会十六大报告指出，在新形势下，坚持和发展中国特色社会主义，是中国工人阶级的历史使命；为实现（　）而奋斗，是我国工人运动的时代主题。

A. 中华民族伟大复兴的中国梦

B. 全面建成小康社会

C. 共同富裕

D. 四个现代化

161. “人世间的美好梦想，只有通过诚实劳动才能实现；发展中的各种难题，只有通过诚实劳动才能破解；生命中的一切辉煌，只有通过诚实劳动才能铸就。”习近平总书记这段重要讲话，是（　）年在全国总工会机关同全国劳动模范代表座谈时发表的。

A. 2013　　B. 2013　　C. 2014　　D. 2015

162. 2015年4月28日，习近平总书记在庆祝“五一”国际劳动节暨表彰全国劳动模范和先进工作者大会上首次明确提出，要打造健康文明、昂扬向上的（　）。

A. 群众文化　　B. 工会文化

C. 企业文化　　D. 职工文化

163. 中国制造、中国创造需要培养更多高技能人才和大国工匠，这意味着我们需要讲好“工匠故事”，让（ ）深入人心。

A. 长征精神　　B. 红船精神

C. 女排精神　　D. 工匠精神

164. 中央党的群团工作会议于 2015 年 7 月 6 日至 7 日在北京召开。由党中央召开党的群团工作会议，在党的历史上还是（ ）。

A. 第一次　　B. 第二次

C. 第三次　　D. 第四次

165. 2016 年 1 月 17 日，中华全国总工会十六届四次执委会选举全国劳模、农民工代表（ ）为中华全国总工会副主席（兼），这是我国第一位普通农民工当选全总副主席。

A. 许振超　　B. 高凤林

C. 巨晓林　　D. 郭明义

166. 从 2016 年起，由中华全国总工会、中央网信办联合主办开展的（ ）主题活动，推出了一系列有影响、有创意、有实效的活动，涌现出一批具有鲜明时代主题、深厚职工情怀、健康生活气息的网络文化精品。

A. “网聚职工力量共建网络文明”

B. “弘扬网络正能量争做新时代好网民”

C. “网聚职工正能量争做中国好网民”

D. “传递网络正能量争做职工好网民”

167. “中国梦·劳动美”主题宣传教育自2013年开展以来，经过不断创新内容和载体，已成为工会加强（ ）的重要工作品牌。

A. 职业道德教育　　B. 职工思想政治引领

C. 劳动观教育　　D. 职工素质提升

168. 2017年10月18日，在中国共产党第十九次全国代表大会开幕会上，习近平总书记指出：“经过长期努力，中国特色社会主义进入了（ ），这是我国发展新的历史方位。”

A. 新时期　　B. 新阶段

C. 新时段　　D. 新时代

169. 党的十九大报告指出，我国社会主要矛盾已经转化为（　）。

A. 人民日益增长的美好生活需要和不平衡不充分的发展之间的矛盾

B. 人民日益增长的物质文化需要同落后的社会生产之间的矛盾

C. 人民日益增长的物质文化需要同不平衡不充分的发展之间的矛盾

D. 人民日益增长的美好生活需要同落后的社会生产之间的矛盾

170. （　）是习近平总书记亲自谋划和部署的重大改革，是全面深化改革的重要内容，必须切实抓紧抓好，更好团结动员广大产业工人担当新使命、建功新时代。

A. 国企国资改革

B. 金融改革

C. 司法体制改革

D. 产业工人队伍建设改革

171. 2018 年 10 月 22 日，中国工会第十七次全国代表大会在人民大会堂开幕。大会的重要成果，就是把习近平新时代中国特色社会主义思想确立为中国工会的（　），把习近平总书记关于工人阶级和工会工作的重要论述确定为新时代工运事业和工会工作创新发展的行动指南。

A. 指导思想　　B. 指导方向

C. 指导旗帜　　D. 指导路线

172. 中国工会十七大报告用（　）对习近平总书记关于工人阶级和工会工作的重要论述的基本内涵作了提炼、概括和阐释。

A. “七个坚持”　　B. “八个坚持”

C. “九个坚持”　　D. “十个坚持”

173. 2018 年 10 月 29 日，习近平总书记同全国总工会新一届领导班子成员集体谈话时，突出强调要加强（　），要求工会多做组织群众、宣传群众、教育群众、引导群众的工作，使广大职工在理想信念、价值理念、道德观念上紧紧团结在一起。

A. 维权服务力度　　B. 工会改革创新

C. 职工思想政治引领　　D. 网上工会工作

174. 在工会（　）届执行委员会第一次全体会议上，王东明当选为中华全国总工会主席。

A. 十五　B. 十六　C. 十七　D. 十八

175. （　）年是中国工人运动首次蓬勃开展的一年，同时也是中国工会组织广泛发展的一年，因而这一年被称为“中华劳动运动纪元年”。

A. 1920　B. 1921　C. 1922　D. 1923

176. 2021 年 7 月，中华全国总工会发布《中国工运事业和工会工作“十四五”发展规划》，明确“十四五”时期中国工运事业和工会工作发展的总体要求、重点任务和保障措施。这是中华全国总工会时隔（　）年后再次制定五年发展规划，旨在为今后五年和更长一个时期的工运事业和工会工作提供重要指引。

A. 20　　B. 25　　C. 30　　D. 35

177. （　）不是工会“十四五”规划列出的指标。

A. 到“十四五”末，全国新发展会员 4000 万名以上

B. “十四五”期间，每年帮助 30 万名职工特别是农民工提升学历水平

C. 到 2025 年底，全国工会职工书屋示范点达到 1.6 万家，电子职工书屋覆盖职工逾 5000 万人

D. “十四五”期间每年推树 1 万个工会最美户外劳动者服务站点

178. 工会“十四五”发展规划提出要深入推进“互联网+”工会普惠性服务，建立（　）与普惠性服务综合管理系统，提升工会服务平台用户活跃度、满意度。

A. “工会身份链”　　B. 知识信息

C. 资源共享　　D. 会员实名制

179. 坚持党的基本路线一百年不动摇的关键是（　）。

A. 坚持两手抓、两手都要硬的方针不动摇

B. 坚持四项基本原则不动摇

C. 坚持改革开放不动摇

D. 坚持以经济建设为中心不动摇

180. 各级工会开展劳动争议多元化解试点工作，将劳动人事争议矛盾纠纷通过（　）方式及时化解，缩短了职工维权时间，让职工“零跑腿”，促进了劳动关系稳定和谐。

A. “互联网+调解仲裁”

B. “互联网+法院”

C. “互联网+仲裁庭”

D. “互联网+工会调解员”

181. 习近平总书记关心关爱广大职工群众。2021 年“五一”国际劳动节前夕，他给（　）回信，向他们并向全国各族劳动群众致以节日的问候。

A. “罗阳青年突击队”

B. 武汉东湖新城社区全体社区工作者

C. 中国劳动关系学院劳模本科班学员

D. 郑州圆方集团全体职工

182. 为深入贯彻习近平总书记关于新时期产业工人队伍建设改革的总体要求，按照《中国工运事业和工会工作“十四五”发展规划》的具体部署，2022 年，中华全国总工会深度整合建设（　），打造产业工人队伍技能提升的网络阵地。

A. 产业工人终身学习平台

B. 技能强国–全国产业工人学习社区

C. “新时代工匠学院”网上平台

D. 全国职工技能培训与岗位练兵在线平台

183. 2022 年“五一”国际劳动节前夕，习近平总书记向首届（　）致贺信，向广大技能人才和劳动模范致以诚挚的问候，向广大劳动群众致以节日的祝贺，对深化产业工人队伍建设改革提出明确要求，为新时代的劳动者指明了奋斗方向。

A. 全国职业技能大赛

B. 中国国际技能大赛

C. 全国职业院校技能大赛

D. 大国工匠创新交流大会

184. 金砖国家工会论坛是金砖合作框架下工会组织间的重要交流平台。2022 年 7 月，第十一届金砖国家工会论坛在北京举行。论坛首次以“金砖+”合作模式举办，来自中国、南非、巴西、俄罗斯、印度等金砖国家工会的领导人与专家学者、劳动模范代表、驻海外中资企业外籍员工代表，以及作为观察员的阿根廷等国家的工会组织代表相聚“云端”，围绕（　）这一主题展开深入交流、深化合作，并通过了《第十一届金砖国家工会论坛宣言》。

A. “可持续发展与工会作用”

B. “金砖国家伙伴关系——全球发展的强有力因素”

C. “深化金砖伙伴关系，开辟更加光明未来”

D. “深化伙伴关系、共创美好未来”

185. 推进（　）是2022年全总和各级工会的一项重点工作。全总先后下发《关于集中推动互联网百强企业建会的通知》《关于加强互联网企业工会工作的意见》，并召开互联网百强企业建会工作推进会，对互联网企业工会工作作出部署。各相关省（市）工会将这项工作作为“一把手”工程，凝聚合力、集中攻坚，推动互联网百强企业建会取得突破性进展。

A. 百人以上企业建会

B. 新就业形态劳动者入会

C. 互联网百强企业建会

D. “两新”组织建会

186. 为进一步密切工会领导机关与基层工会和职工群众的联系，2022年中华全国总工会党组决定，建立健全工会领导机关干部赴基层（　）工作长效机制，实现常态化、制度化，并为此制定下发了相关指导《意见》。

A. 调研　B. 考察　C. 挂职　D. 蹲点

187. 2022年11月，中华全国总工会启动（ ）活动，面向网约车司机、货车司机、快递员、外卖配送员等新就业形态劳动者群体，推出一系列关怀措施，健全完善新就业形态劳动者权益保障机制。

A. “新就业形态劳动者温暖服务日”

B. “新就业形态劳动者温暖行动服务月”

C. “新就业形态劳动者温暖服务季”

D. “新就业形态劳动者温暖服务年”

188. 2022年5月25日，国家协调劳动关系三方启动第一届（ ）活动，并于9月16日命名了350家“全国和谐劳动关系创建示范企业”和50个“全国和谐劳动关系创建示范工业园区”，逐步实现创有标准、学有标杆、优有激励的良性发展。

A. 全国和谐劳动关系创建示范

B. 全国和谐劳动关系创建表彰

C. 全国和谐劳动关系创建经验交流

D. 全国和谐劳动关系创建达标

189. 2022 年 10 月 16 日上午，中国共产党第二十次全国代表大会在北京人民大会堂开幕，习近平总书记代表第十九届中央委员会向大会作了题为《高举中国特色社会主义伟大旗帜为（　）而团结奋斗》的报告。

A. 全面建设社会主义现代化国家

B. 全面建成社会主义现代化国家

C. 全面建设社会主义现代化强国

D. 全面建成社会主义现代化强国

190. 党的二十大报告指出，从现在起，中国共产党的（　）就是团结带领全国各族人民全面建成社会主义现代化强国、实现第二个百年奋斗目标，以中国式现代化全面推进中华民族伟大复兴。

A. 中心任务　　B. 主要任务

C. 中心目标　　D. 主要目标

191. 2022 年 10 月 24 日，全国工会学习贯彻中国共产党第二十次全国代表大会精神会议召开，强调各级工会要把学习宣传贯彻党的二十大精神，作为当前和今后一个时期的首要政治任务，找准党的二十大精神与（　）的切入点和结合点，踔厉奋发、勇毅前行、团结奋斗，在新时代新征程上不断开创党的工运事业和工会工作新局面。

A. 工人运动　　B. 工会工作

C. 群众工作　　D. 职工工作

192. 2022 年 11 月 2 日，中华全国总工会在京召开研讨会，深入学习贯彻党的二十大精神，围绕主题（　）进行研究探讨。

A. “加快构建新发展格局，着力推动高质量发展”

B. “实施科教兴国战略，强化现代化建设人才支撑”

C. “发展全过程人民民主，保障职工民主权利”

D. “增进民生福祉，提高人民生活品质”

193. 2023 年“中国梦·劳动美”主题宣传教育的内容是（　），学习宣传贯彻党的二十大精神是活动的主线。

A. “凝心铸魂跟党走　团结奋斗新征程”

B. “永远跟党走”

C. “决胜小康　奋斗有我”

D. “与共和国同成长　与新时代齐奋进”

194. 2023 年，中华全国总工会、司法部和全国律协继续联合开展“尊法守法·携手筑梦”服务农民工公益法律服务行动，围绕深入学习宣传贯彻党的二十大精神，为（　）等重点群体提供法治宣传、法律咨询、法治体检、争议调解、法律援助等公益法律服务。

A. 失业职工　　B. 外出务工人员

C. 新就业形态劳动者　　D. 低保人员

195. 新中国成立初期，恢复和发展生产是中国工人和工会的中心任务，“努力恢复和发展生产是工人阶级的（　），也是工会工作的最基本的任务”。

A. 最高利益　　B. 最高权利

C. 首要任务　　D. 根本任务

196. 调查研究是我们党的传家宝。2023 年 3 月 19 日，中共中央办公厅印发《关于在全党大兴调查研究的工作方案》，要求在全党大兴调查之风，并列举了（　）个方面的调查内容。

A. 8　　B. 10　　C. 12　　D. 14

197. 工人阶级是我国的领导阶级，坚持和发展中国特色社会主义，必须（　）。

A. 坚持以经济建设为中心

B. 全心全意依靠工人阶级

C. 竭诚为职工群众服务

D. 维护职工群众切身利益

198. （　），是习近平总书记关于工人阶级和工会工作的重要论述的关键，是做好工会工作的政治原则和根本保证。

A. 坚持党对工会工作的领导

B. 坚持党对工会工作的指导

C. 坚持政府对工会工作的领导

D. 坚持政府对工会工作的指导

199. 2013 年 10 月 23 日，习近平总书记在同全国总工会第十六届领导班子成员集体谈话时指出：“工会要永远保持自觉接受（　）这一优良传统。”

A. 党的领导　　B. 国家的领导

C. 政府的领导　　D. 国务院的领导

200. 党坚持运用（　）工运理论指导工人运动和工会工作。

A. 列宁主义　　B. 马克思主义

C. 马克思列宁主义　　D. 马克思恩格斯主义

多项选择题

扫码闯关答题

1. 近代中国社会主要矛盾是（　）。因此，实现中华民族伟大复兴，必须进行反帝反封建斗争。

A. 帝国主义和中华民族的矛盾

B. 封建主义和人民大众的矛盾

C. 官僚资本主义和民族资产阶级的矛盾

D. 资产阶级和工人阶级的矛盾

2. 中国工人阶级是近代中国新生的最伟大的革命阶级。这是因为它具有以下特点，即（　）。

A. 与最先进的经济形式相联系

B. 富于组织性纪律性

C. 没有私人占有的生产资料

D. 具有坚决而彻底的革命性

3. （　）是共产党早期组织创办的专门供工人阅读的

刊物。

A.《劳动音》　　B.《劳动界》

C.《劳动者》　　D.《中国工人》

4. 十月革命一声炮响，给中国送来了马克思列宁主义。在中国人民和中华民族伟大的觉醒中，在（　）同（　）的紧密结合中，中国共产党应运而生。

A. 马克思主义　　B. 改良主义

C. 中国工人运动　　D. 世界工人运动

5. 解放战争时期，人民解放军进行战略决战的三大战役是（　）。

A. 辽沈战役　　B. 淮海战役

C. 平津战役　　D. 渡江战役

6. 为了向工人宣传马克思主义，启发他们的思想觉悟，各地共产党早期组织创办了各种形式的工人学校，这是党对工人工作的入手方式，借此以接近群众，目的在于组织工会。其中最有名的是（　）。

A. 安源路矿工人补习学校　B. 沪西工人半日学校

C. 长辛店劳动补习学校　　D. 广东机器工人学校

7. 中国共产党自 1921 年成立以来，始终把（　）作为自己的初心使命，始终坚持共产主义理想和社会主义信念，团结带领全国各族人民为争取民族独立、人民解放和实现国家富强、人民幸福而不懈奋斗。

A. 为中国人民谋幸福

B. 为中华民族谋复兴

C. 不断增进人民福祉、实现人民幸福

D. 实现共产主义大同

8. 掀起第一次中国工人运动高潮的标志事件有（　）。

A. 香港海员大罢工

B. 京汉铁路工人大罢工

C. 安源路矿工人大罢工

D. 开滦五矿工人大罢工

9. 在二七大罢工中被杀害的共产党员有（　）。

A. 李大钊　　B. 林祥谦

C. 施　洋　　D. 史文彬

10. 1934年初，毛泽东在中华苏维埃第二次全国代表大会上指出，苏区工会是（　），对苏区工会作了高度评价。

A. 苏维埃政权的柱石

B. 保护工人利益的堡垒

C. 工人群众学习共产主义的学校

D. 工农革命的火种

11. 中国的劳模最早创设于土地革命战争时期中央苏区的（　）。

A. 公营企业　　B. 私营企业

C. 革命竞赛　　D. 生产劳动

12. 土地革命战争时期，为确保职工参加管理的权利，党领导设立了一套具有系统性的“三人团”管理体制。所谓“三人团”，是指由（　）构成的三方领导体制。

A. 党委书记　　B. 厂长

C. 工会主席　　D. 职工代表

13. 全面抗战爆发后，中共中央确立的沦陷区党的地下工作和工运斗争的十六字方针是（　）。

A. 隐蔽精干　　B. 长期潜伏

C. 蓄积力量　　D. 以待时机

14. 1945 年 1 月 10 日，毛泽东发表了《必须学会做经济工作》的讲话，明确指出了劳动英雄和模范工作者的（　）。

A. 领导作用　　B. 带头作用

C. 骨干作用　　D. 桥梁作用

15. 从 1942 年开始形成的（　），是通过向先进工人学习，培养具有新的劳动态度的劳动者，达到促进发展生产的目的。这一运动的开展，为争取抗战胜利奠定了物质基础。同时，推动工会改进了工作作风和方式方法，为工会开展群众生产运动和群众自我教育找到了一个好形式，积累了好经验。

A. 赵占魁运动　　B. 甄荣典运动

C. 新劳动者运动　　D. 大生产运动

16. 第六次全国劳动大会贯彻执行党的（　）新民主主义经济建设总方针，奠定了新中国工人运动的基础。

A. 发展生产　　B. 繁荣经济

C. 公私兼顾　　D. 劳资两利

17. 1949年3月，中共七届二中全会召开，明确提出了（　）城市工作方针。

A. 兼顾公私两利

B. 团结依靠知识分子

C. 全心全意依靠工人阶级

D. 以恢复和发展生产为中心任务

18. 1950年初，政务院开始在全国职工群众中开展（　）运动。

A. 清仓查库　　B. 献纳器材

C. 集体谈判　　D. 改善福利

19. 抗美援朝战争爆发后，广大工人阶级积极开展（　）运动，有力地支援了志愿军英勇作战，为战争的胜利提供了坚强的保障。

A. 增加生产　　B. 厉行节约

C. 爱国丰产　　D. 参军参战

20. 中国工会第七次代表大会明确了工会工作的首要职能是（　），实现这一目标的基本方法就是开展（　）。

A. 发展生产　　B. 改善工人生活

C. 劳动竞赛　　D. 为工人维权

21. 国家规定“一五”计划的主要任务是集中主要力量进行以苏联帮助我国设计的建设（　）个项目为中心的、由（　）个大中型建设项目组成的工业建设，建立我国社会主义工业化的初步基础。

A. 156　　B. 158　　C. 692　　D. 694

22. 1957年在第八次中国工会代表大会上，按照中共中央的要求，确立了这一时期工人阶级的中心任务，就是（　）。

A. 坚持执行勤俭建国、勤俭办企业、勤俭办一切的

方针

B. 掀起新的生产高潮迎接第二个五年计划

C. 为完成和超额完成新的国家计划而斗争

D. 进行整风运动

23. 大庆精神形成于火热的石油会战年代，经过 60 多年来大庆人艰苦创业、接力奋斗，形成了以（　）为主要内涵的大庆精神和铁人精神。

A. 爱国　　B. 创业　　C. 求实　　D. 奉献

24. 1978 年 10 月，邓小平在中国工会九大致词中指出，工会必须密切联系群众，使广大工人都感到工会确实是工人自己的组织，是（　）的组织，是不会对工人说瞎话、拿工会的会费做官当老爷、替少数人谋私利的组织。

A. 工人信得过　　B. 能替工人说话

C. 替工人办事　　D. 为工人服务

25. 从 1979 年起，党中央即按照“调整、改革、整顿、提高”的方针，对严重比例失调的国民经济进行调整，同时开始进行包括（　）等在内的经济体制改革。

A. 家庭联产承包责任制

B. 扩大企业自主权

C. 恢复职工代表大会制度和加强企业民主管理

D. 财政分级管理

26. 1986年9月，中共中央、国务院颁发了（　），推动了职代会职权的进一步落实。

A.《全民所有制工业企业厂长工作条例》

B.《中国共产党全民所有制工业企业基层组织工作条例》

C.《全民所有制工业企业职工代表大会条例》

D.《企业民主管理规定》

27. 20世纪80年代在改革大潮中，劳动竞赛逐步从传统型向现代型转变。劳动竞赛显示出与以往不同的特点，体现了（　）的时代特色。

A. 与经营责任制相结合

B. 与推进先进技术相结合

C. 与现代化管理相结合

D. 与精神文明建设相结合

28. 1989年底，中共中央发布《关于加强和改善党对工会、共青团、妇联工作领导的通知》明确要求："工会、共青团、妇联应密切同广大群众的联系，（　）群众的呼声，（　）群众的疾苦，（　）群众的合法权益，尽力（　）群众的困难。

A. 倾听　　B. 关心　　C. 维护

D. 解决　　E. 爱护

29. 中国工会十一大提出了工会组织实行联合制、代表制的构想，（　）工会和（　）工会将这个构想以行业工会联合会和产业工会联合会的形式付诸改革的实践。

A. 辽宁朝阳　　B. 江苏常州

C. 山东潍坊　　D. 深圳蛇口

30. 1990年在企业职工中开展的"双基"思想政治教育

活动，其重点内容是要突出（　）教育。

A. “党史与国史”　　B. “历史与国情”

C. “建设与改革”　　D. “传统与使命”

31. 1992 年元旦和春节期间，中华全国总工会党组、书记处领导人兵分八路，分赴 18 个省、自治区、直辖市走访慰问受灾地区和“双停”、亏损企业的困难职工、离退休职工。自此，在全国范围内开展的（　）工会送温暖活动正式拉开帷幕。

A. “进万家门”　　B. “知万家情”

C. “解万家难”　　D. “暖万家心”

32. 新时期工会工作总体思路提出后，在其指导下，各地工会积极探索，形成了（　）等典型经验。

A. 蛇口模式

B. 宝安模式

C. 梨树工会工作经验

D. 葫芦岛工会工作经验

E. 顾村经验

33. 在国有企业向现代企业制度转型过程中，工会工作遭遇很大困扰，出现了（　）与（　）之争。工会组织必须转变既有的思维方式和工作方法，走创新之路，实现自身的转型与发展。

A. “新三会”　　B. “老三会”

C. 董事会　　D. 职代会

34. 按照工会工作总体思路的要求，各级工会以贯彻实施《劳动法》为契机和突破口，把（　）作为贯彻实施《劳动法》的“牛鼻子”，重点抓好。

A. 维护职工合法权益　　B. 保障职工发展权利

C. 推行平等协商　　D. 签订集体合同制度

35. 为贯彻落实和推进“五突破一加强”，1999 年 12 月召开的中华全国总工会十三届二次执委会议，进一步提出了（　）的“三个最大限度”的工作要求。

A. 最大限度地把广大职工组织到工会中来

B. 最大限度地维护广大职工的合法权益

C. 最大限度地保护、调动和发挥广大职工的积极

性、创造性

D. 最大限度地提高工会工作整体水平

36. 根据 144 号《三方协商促进国际劳工标准公约》规定，从 2001 年开始，我国建立国家劳动关系三方协调机制，确定通过三方会议制度的形式运作。这三方是指（　）。

A. 劳动和社会保障部

B. 中华全国总工会

C. 中国企业联合会/中国企业家联合会

D. 中国企业家俱乐部

37. 2003 年 9 月，根据经济社会发展中的新情况和新问题，中国工会十四大鲜明地提出“一大批（　）成为工人阶级的新成员”。2004 年，中央一号文件明确提出：“进城就业的（　）已经是产业工人的重要组成部分。”

A. 进城务工人员　　B. 农民工

C. 灵活就业人员　　D. 劳务派遣人员

38. 2005 年 7 月，中华全国总工会十四届六次主席团会议通过了《坚持走中国特色社会主义工会发展道路的决议》，从（　）方面，阐述了中国特色社会主义工会发展道路的基本内涵。

A. 指导思想　　B. 政治保证

C. 根本任务　　D. 职能作用

E. 组织体制　　F. 对外交往

G. 内在动力

39. 自 2006 年起，国家科技进步奖评审委员会设立了工人农民科技创新评审组，在保证国家科技奖励条件标准和水平的基础上，对工人农民科技创新成果予以评定。2007 年 2 月，一汽大众汽车公司工人技师（　）和宝钢炼铁厂工人技师（　），登上国家科学技术奖的领奖台，荣获国家科技进步二等奖。

A. 包起帆　　B. 李　斌

C. 王洪军　　D. 韩明明

40. 就业乃民生之本。2009 年 2 月，针对农民工因国际金融危机影响就业压力日趋加大的现实形势，中华全国总工会启动实施了“千万农民工援助行动”，组织开展（　）等一系列就业服务活动，解决农民工就业创业问题。

A. “全国工会就业援助月”

B. “技能培训促就业行动”

C. “家政服务工程”

D. “金秋助学活动”

41. “两个普遍”是工会组织贯彻党中央关于扩大工会覆盖面、增强工会凝聚力要求的重要举措，是对“组织起来、切实维权”工作方针的深化发展，是坚持走中国特色社会主义工会发展道路的具体体现。“两个普遍”是指（　）。

A. 依法推动企业普遍建立工会组织

B. 依法推动企业普遍开展工资集体协商

C. 依法推动企业普遍履行社会责任

D. 依法推动企业普遍关爱职工

42. 为了贯彻落实党中央关于做好新形势下群众工作要求的重要举措，2012 年 9 月，全国工会“面对面、心贴心、实打实服务职工在基层”活动启动。“面对面”是指（　），“心贴心”是指（　），“实打实”是指（　）。

A. 面对面地与职工交流　B. 心贴心地做职工朋友

C. 实打实地为职工服务

43. 2013 年，习近平总书记在十二届全国人大一次会议上，阐明了实现中华民族伟大复兴中国梦的基本内涵和本质，就是实现（　）。

A. 国家富强　B. 民族振兴

C. 人民幸福　D. 社会稳定

44. 2015 年，中共中央下发了《中共中央关于加强和改进党的群团工作的意见》，召开党的群团工作会议，对党的群团工作和群团改革作出了全面部署。各群团组织结合自身实际，紧紧围绕增强（　），直面突出问题，采取有力措施，敢于攻坚克难，注重夯实群团工作基层基础，努力开创党的群团工作新局面。

A. 政治性　　B. 先进性

C. 群众性　　D. 阶级性

45. 2015 年 7 月 23 日，中央改革办下发通知，决定在中华全国总工会、上海和重庆开展群团组织改革试点。11 月 9 日，习近平总书记主持召开中央全面深化改革领导小组第十八次会议，审议通过了（　）。

A. 《关于加强和改进党的群团工作的意见》

B. 《全国总工会改革试点方案》

C. 《上海市群团改革试点方案》

D. 《重庆市群团改革试点方案》

46. 2017 年 6 月 19 日，中共中央、国务院印发了《新时期产业工人队伍建设改革方案》。《改革方案》明确提出，要把产业工人队伍建设作为实施（　）的重要支撑和基础保障，纳入国家和地方经济社会发展规划，造就一支有理想守信念、懂技术会创新、敢担当讲奉献的宏大的产业工人队伍。

A. 科教兴国战略　　B. 人才强国战略

C. 创新驱动发展战略　　D. 科技自立自强战略

47. 2016 年 7 月 11 日，上海顾村镇非公企业工会改革试点工作正式启动，打响了工会组织联系服务职工群众“最后一公里”的攻坚战。这次改革试点，顾村镇把法治思维和法治方式贯穿于入会、建会、办会各个环节，通过（　），取得了工会组织覆盖面进一步扩大、职工主动入会积极性不断提高等效果。

A. 依法建会　　B. 依法维权

C. 依法履职　　D. 依法管会

48. 确立社会主义基本制度的重大意义是（　）。

A. 极大地促进了我国社会生产力的发展

B. 初步显示了社会主义的优越性

C. 为实现中华民族的伟大复兴奠定了先进的制度基础

D. 标志着中国进入了发达国家行列

49. 为了推动产业工人队伍建设改革向纵深发展，中华全国总工会出台相关制度文件 20 多个，为细化落实改革举措提供了制度保障。将 2020 年确定为“产业工人队伍建设改革（ ）”，将 2021 年确定为“产业工人队伍建设改革（ ）”。

A. 发展年　　B. 深化年

C. 提升年　　D. 提高年

50. 2018 年 4 月 30 日，习近平总书记给中国劳动关系学院劳模本科班学员回信，高度肯定劳动模范为党和国家事业发展作出的突出贡献，殷切期望广大劳动模范（ ），用干劲、闯劲、钻劲鼓舞更多的人争做新时代的奋斗者。

A. 珍惜荣誉　　B. 努力学习

C. 继续拼搏　　D. 再创佳绩

51. 党的十九大以来，以“当好主人翁、建功新时代”为主题的劳动和技能竞赛不断创新发展。竞赛活动以深化供给侧结构性改革、推动经济高质量发展为主线，增加与以往劳动竞赛不同的（　）因素，突出技术创新和素质提升，动员广大职工用劳动筑梦，以实干圆梦。

A.“扶贫”　　B.“生态”

C.“产业”　　D.“行业”

52. 新时代中国工会深化劳动关系领域的国际交流与合作，广泛宣传中国特色社会主义工会发展道路，有效扩大我国工会的话语权和影响力。在 2018 年第 107 届劳工大会上，中国工会提出的（　）等重要倡导被写入国际劳工大会决议。

A. 促进有效的发展合作　　B. 实现可持续发展目标

C. 构建人类命运共同体　　D. 互利共赢

53. 2020 年 11 月 24 日，习近平总书记在全国劳动模范和先进工作者表彰大会上的讲话中提出，（　）是以爱国主义为核心的民族精神和以改革创新为核心的时代精神的生动体现，是鼓舞全党全国各族人民风雨无阻、勇敢前进的强大精神动力。

A. 劳模精神　　B. 劳动精神
C. 工匠精神　　D. 创新精神

54. 修订后的《中国工会章程》明确提出中国工会“把握为实现中华民族伟大复兴的中国梦而奋斗的工人运动时代主题”“弘扬（　）”等内容。

A. 劳模精神　　B. 劳动精神
C. 工匠精神　　D. 服务精神

55. 为深入贯彻落实习近平总书记关于总体国家安全观的重要论述，特别是关于劳动领域维护政治安全的重要指示批示精神，把工会维护劳动领域政治安全具体化，各级工会必须坚持“五个坚决”，即（　）。

A. 坚决防止敌对势力借所谓“维权”插手煽动、渗透破坏
B. 坚决防止所谓“独立工会”“民间工会”的出现
C. 坚决维护职工队伍和工会组织的团结统一
D. 坚决维护企业和社会大局和谐稳定

E. 坚决捍卫中国共产党领导和我国社会主义制度，不断巩固党长期执政的阶级基础和群众基础

56. 党的十八大以来，习近平总书记对加强基层工会建设、做好工会基层工作，明确提出了“三个着力”的要求，即（　），这是加强基层工会工作必须长期坚持的思想指引和根本遵循。

A. 着力服务党和国家大局，强化政治意识

B. 着力扩大覆盖面，增强代表性

C. 着力强化服务意识，提高维权能力

D. 着力加强队伍建设，提升保障水平

57. 为了迎接中国共产党成立100周年，各级工会深入开展党史、新中国史、改革开放史、社会主义发展史宣传教育，引导广大职工群众深刻认识（　），增强听党话、跟党走的思想自觉和行动自觉。

A. 中国共产党为什么能

B. 马克思主义为什么行

C. 中国特色社会主义为什么好

D. 中国工人阶级为什么有力量

58. 习近平总书记关于工人阶级和工会工作的重要论述，深刻阐明了工会工作的地位作用、目标任务、实践要求，科学回答了工人阶级和工会工作的一系列（　）重大问题。

A. 方向性　　B. 科学性

C. 根本性　　D. 战略性

59. 习近平总书记强调，工会作为中国共产党领导的工人阶级群众组织，在坚持党的领导这个根本问题上必须（　）。

A. 头脑十分清醒　　B. 行动十分坚决

C. 策略十分科学　　D. 立场十分坚定

60. 工会“八五”普法宣传工作的主要目标是法治宣传教育与（　）等重点工作有机结合，工会工作者和职工群众的法治观念明显增强，办事依法、遇事找法、解决问题用法、化解矛盾靠法的法治环境显著改善。

A. 建会　　B. 管会

C. 履职　　D. 维权

61. 推动建立新就业形态民主协商的“上海模式”包括（　），是上海工会贯彻落实八部委《关于维护新就业形态劳动者劳动保障权益的指导意见》和全总《关于切实维护新就业形态劳动者劳动保障权益的意见》等文件精神的实践首创。

A. 新就业形态劳动者权益协商恳谈模式

B. 新就业形态劳动者职代会（联合）会议模式

C. 新就业形态领域建会建制工作联动模式

D. “法院+工会+人社+N”劳动争议多元化调解工作模式

62. 《中共中央关于党的百年奋斗重大成就和历史经验的决议》指出，习近平新时代中国特色社会主义思想是（　），是（　）的时代精华，实现了（　）新的飞跃。

A. 当代中国马克思主义

B. 二十一世纪马克思主义

C. 中华文化和中国精神

D. 马克思主义中国化

63. 习近平新时代中国特色社会主义思想的核心内容包括（　）。

A. “八个明确”　　B. “五位一体”

C. “四个全面”　　D. “十四个坚持”

64. 习近平总书记强调，引导职工群众听党话、跟党走，巩固党执政的（　），是工会组织的政治责任。工会组织要主动适应新形势新任务，不断加强和改进职工思想政治工作，把广大职工紧紧凝聚在党的周围。

A. 经济基础　　B. 政治基础

C. 阶级基础　　D. 群众基础

65. 中国劳动组合书记部在上海成立总部之后，又相继在北京、（　）、上海等地设立了分部机构。

A. 长沙　　B. 武汉　　C. 广州　　D. 济南

66. 工会是党联系职工群众的（　）和（　），工会工作是党的群团工作、群众工作的重要组成部分，是党治国理政的一项经常性、基础性工作。

A. 桥梁　　B. 依据　　C. 牵引　　D. 纽带

67. 习近平总书记指出，实现中华民族伟大复兴的中国梦，根本上要靠包括工人阶级在内的全体人民的劳动、创造、奉献。工会要牢牢抓住这个主题，建设（　）劳动者大军，在改革发展稳定第一线建功立业。

A. 知识型　　B. 技能型

C. 技术型　　D. 创新型

68. 中国工会十七大报告用“八个坚持”对习近平总书记关于工人阶级和工会工作的重要论述的基本内涵作了提炼、概括和阐释，“八个坚持”相互联系、有机结合、密不可分，共同构成了一个整体，其关键是坚持党的领导，根本是增强（　），重点是维护职工权益、服务职工群众。

A. 政治性　　B. 实践性
C. 先进性　　D. 群众性

69. 中国工会第七次全国代表大会是新中国成立后首次召开的工会全国代表大会，确立了“以生产为中心，（　）三位一体”的工会工作方针，标志着中国工人运动和工会工作进入一个新的历史时期。

A. 生产　　B. 生活　　C. 教育　　D. 文化

70. 党的十八大以来，习近平总书记多次就工会自觉接受党的领导作出重要指示、提出明确要求，强调“工会工作是党的（　）的重要组成部分，是党治国理政的一项经常性、基础性工作”。

A. 群团工作　　B. 群众工作
C. 政治工作　　D. 组织工作

71. 1937 年 12 月 9 日，陕甘宁边区总工会临时委员会发布《致全国工友书》，号召全国工人应立即（　），参加前线和后方的抗战工作。

A. 动员起来　　B. 组织起来

C. 武装起来　　D. 行动起来

72. 到 1957 年底，第一个五年计划超额完成，工人运动为新中国经济建设创造出辉煌业绩、作出巨大贡献。各级工会组织发动职工开展劳动竞赛、（　），积累了许多成功的经验。

A. 合理化建议　　B. 技术革新

C. 先进生产者运动　　D. 读书活动

73. 工会所有活动最终都要体现到教育引导职工群众自觉坚持（　）和我国（　）制度上来。

A. 党的领导　　B. 社会主义

C. 共产主义　　D. 资本主义

74. 2017 年 2 月 6 日，习近平总书记主持召开十八届中央全面深化改革领导小组第三十二次会议，审议通过《新时期产业工人队伍建设改革方案》，明确提出要把产业工人队伍建设作为（　）的重要支撑和基础保障，纳入国家和地方经济社会发展规划。

A. 实施科教兴国战略　　B. 人才强国战略

C. 创新驱动发展战略　　D. 扶贫攻坚战略

75. 我国工人运动的时代主题是（　）的集中体现。

A. 与党同呼吸　　B. 与时代同步伐

C. 与群众心连心　　D. 与工人阶级同进步

76. 习近平总书记指出，“中国梦是一种形象的表达，是一个最大公约数，是一种为群众易于接受的表述，核心内涵是中华民族伟大复兴”，“基本内涵是实现（　）”。

A. 人民富裕　　B. 国家富强

C. 民族振兴　　D. 人民幸福

77. 习近平总书记指出，引导职工群众听党话、跟党走，巩固党执政的（　）和（　），是工会组织的政治责任。

A. 阶级基础　　B. 阶级立场

C. 群众基础　　D. 群众路线

78. 习近平总书记指出，我国工运事业是在党的领导下发展起来的，是党的事业的重要组成部分，工会工作是党治国理政的一项（　）工作。

A. 经常性　　　　B. 根本性

C. 实用性　　　　D. 基础性

79. 从中国特色社会主义工会发展道路与中国特色社会主义理论体系的关系来看，中国特色社会主义理论体系是包括（　）在内的科学理论体系。

A. 邓小平理论

B. “三个代表”重要思想

C. 科学发展观

D. 马克思列宁主义

E. 习近平新时代中国特色社会主义思想

80. 中国特色社会主义工会发展道路科学回答了“（　）”的工会重大课题。

A. 走什么样的工会发展道路

B. 怎样加强工会建设

C. 建设什么样的工会

D. 工会发挥什么样的作用

81. 2020 年 11 月 24 日，习近平总书记在全国劳动模范和先进工作者表彰大会上指出，劳模精神、劳动精神、工匠精神是以（　）为核心的民族精神和以（　）为核心的时代精神的生动体现，是鼓舞全党全国各族人民风雨无阻、勇敢前进的强大精神动力。

A. 爱国主义　　B. 与时俱进

C. 改革创新　　D. 爱好和平

82. 中国工会牢牢把握（　）这一各国工会面临的主题，高举和平、发展、合作、工人权益的旗帜，不断增进与各国工会的互利互助，树立中国工会开放务实、与时俱进的新形象，赢得世界上更多工会组织的理解和支持。

A. 维护世界和平　　B. 促进共同发展

C. 开展对话合作　　D. 捍卫工人权益

83. 2018 年 10 月中国工会召开第十七次全国代表大会，在大会报告中，以（　）对习近平总书记关于工人阶级和工会工作的重要论述的基本内涵进行了概括，以（　）对重要论述的实践要求进行了分析。

A. “四个全面”　　B. “八个坚持”

C. “四个自信”　　D. “四个立足”

84. 2003 年 9 月，中国工会十四大强调把维护贯穿于（　）的全过程，明确了工会维权工作在服务党和国家工作大局中的作用。

A. 推动改革　　B. 促进发展

C. 积极参与　　D. 大力帮扶

85. 党的十九大报告提出，要按照（　）的要求，全面建成覆盖全民、城乡统筹、权责清晰、保障适度、可持续的多层次社会保障体系。

A. 兜底线　　B. 织密网

C. 建机制　　D. 保基本

86. 2018 年 2 月，党的十九届三中全会提出，深化群团组织改革，要构建联系广泛、服务群众的群团工作体系，增强群团组织（　）功能。

A. 桥梁纽带　　B. 维护权益

C. 团结教育　　　　　D. 服务群众

87. 党的十九大报告明确提出，要坚持按劳分配原则，完善按要素分配的体制机制，促进收入分配更合理、更有序，坚持在经济增长的同时实现居民收入同步增长、在劳动生产率提高的同时实现劳动报酬同步提高，通过“（　）”，缩小收入分配差距，促进收入分配更合理、更有序。

A. 扩中　B. 提低　C. 调高　D. 打非

88. 党的十八大郑重提出，围绕保持党的（　）和（　），在全党深入开展以为民务实清廉为主要内容的党的（　）实践活动，着力解决人民群众反映强烈的突出问题，提高做好新形势下群众工作的能力。

A. 先进性　　　　　B. 纯洁性

C. 代表性　　　　　D. 群众路线教育

E. 党史学习教育

89. 2020 年 11 月 24 日，习近平总书记在全国劳动模范和先进工作者表彰大会上指出，要健全（　）的工会工作体系，努力提高工会工作能力和水平。

A. 联系广泛　　B. 服务职工

C. 上下联动　　D. 协调一致

90. 培养和造就一支（　）“四有”职工队伍，是新时期工会面临的一项重要任务。

A. 有理想　　B. 有道德

C. 有文化　　D. 有技术

E. 有纪律　　F. 有信念

91. 中国工会十大以后，群众性合理化建议和技术革新活动出现了可喜形势。职工合理化建议和技术革新从窄领域、分散型向（　）转变。

A. 全领域　　B. 宽领域

C. 高效益　　D. 集中针对型

E. 增产型

92. 1988 年 10 月，中国工会十一大通过的《工会改革的基本设想》，明确了工会的四项职能是（　）。

A. 维护　B. 建设　C. 参与　D. 教育
E. 改革　F. 服务

93. 1994年，中华全国总工会再次作出决定，将一年一度的送温暖活动拓展为“送温暖工程”，以实现送温暖活动的（　），范围扩展到全国。

A. 规范化　B. 经常化
C. 制度化　D. 社会化

94. 为了从理论和实践的结合上回答新形势下如何贯彻全心全意依靠工人阶级方针，1996年6月，（　）联合在北京人民大会堂召开“全心全意依靠工人阶级的理论与实践”研讨会。

A. 中华全国总工会　B. 中共中央党校
C. 人民日报社　D. 《求是》杂志社

95. 各群团组织结合自身实际，紧紧围绕增强（　），直面突出问题，采取有力措施，敢于攻坚克难，注重夯实群团工作基层基础，努力开创党的群团工作新局面。

A. 政治性　　B. 先进性

C. 群众性　　D. 服务性

96. 工会与企业、职工的共同约定行动是2008年国际金融危机发生后，围绕解决企业生产经营和职工利益的重点难点问题进行协商约定，职工帮助企业摆脱困境，企业努力保障职工权益，从而形成（　）的良好氛围。

A. 企业关爱职工　　B. 职工关心企业

C. 共谋企业发展　　D. 职工权益实现

97. 2008年1月7日，“2008’经济全球化与工会”国际论坛在北京召开，主题为（　）。

A. 可持续发展　　B. 体面劳动

C. 工会的作用　　D. 构建和谐劳动关系

98. 《中共中央　国务院关于构建和谐劳动关系的意见》提出要把解决广大职工（　）的利益问题，切实维护其根本权益，作为构建和谐劳动关系的根本出发点和落脚点。

A. 最困难　B. 最忧虑　C. 最关心
D. 最直接　E. 最现实

99. 2023年4月13日，中华全国总工会机关召开会议，传达学习习近平总书记在学习贯彻习近平新时代中国特色社会主义思想主题教育工作会议上的重要讲话精神，对全总机关开展主题教育进行动员部署。会议强调，开展主题教育要准确把握（　）的总要求，坚持学思用贯通、知信行统一，紧紧锚定目标任务，全面落实重点措施。

A. 学思想　B. 强党性　C. 重实践
D. 建新功　E. 学理论　F. 学党史

100. 抗日战争时期，党在农村革命根据地实行（　）的工人运动方针。

A. 发展生产　B. 繁荣经济
C. 公私兼顾　D. 劳资两利

参考答案

一、单项选择题

1. C	2. A	3. B	4. A	5. B
6. D	7. C	8. A	9. D	10. B
11. B	12. C	13. C	14. B	15. D
16. D	17. B	18. D	19. A	20. D
21. B	22. A	23. D	24. A	25. B
26. C	27. B	28. A	29. C	30. D
31. A	32. B	33. D	34. A	35. B
36. C	37. B	38. C	39. D	40. A
41. C	42. A	43. D	44. C	45. A
46. B	47. B	48. D	49. A	50. A
51. D	52. C	53. A	54. A	55. B
56. D	57. C	58. A	59. A	60. C
61. B	62. A	63. C	64. B	65. A

66. A	67. B	68. C	69. D	70. C
71. A	72. B	73. A	74. D	75. D
76. B	77. A	78. C	79. A	80. A
81. C	82. A	83. A	84. B	85. C
86. A	87. A	88. C	89. D	90. B
91. C	92. A	93. D	94. A	95. B
96. D	97. A	98. B	99. B	100. B
101. D	102. A	103. C	104. D	105. C
106. B	107. A	108. D	109. B	110. D
111. A	112. B	113. C	114. A	115. B
116. A	117. C	118. D	119. B	120. D
121. A	122. A	123. C	124. D	125. A
126. C	127. B	128. A	129. A	130. D
131. A	132. B	133. B	134. B	135. D
136. C	137. B	138. D	139. C	140. B
141. A	142. A	143. B	144. D	145. A
146. D	147. B	148. A	149. C	150. A
151. A	152. C	153. B	154. B	155. D

156. A	157. A	158. D	159. A	160. A
161. B	162. D	163. D	164. A	165. C
166. C	167. B	168. D	169. A	170. D
171. A	172. B	173. C	174. C	175. C
176. C	177. D	178. D	179. D	180. A
181. D	182. B	183. D	184. D	185. C
186. D	187. C	188. A	189. A	190. A
191. B	192. C	193. A	194. C	195. A
196. C	197. B	198. A	199. A	200. B

二、多项选择题

1. AB	2. ABCD	3. ABC	4. AC	5. ABC
6. BC	7. AB	8. AB	9. BC	10. ABC
11. AD	12. ABC	13. ABCD	14. BCD	15. AC
16. ABCD	17. CD	18. AB	19. ABC	20. AC
21. AD	22. ABC	23. ABCD	24. ABC	25. BCD
26. ABC	27. ABCD	28. ABCD	29. BC	30. BCD
31. ABC	32. ABCD	33. AB	34. CD	35. ABC
36. ABC	37. AB	38. ABCDEFG	39. CD	40. ABC
41. AB	42. ABC	43. ABC	44. ABC	45. BCD
46. ABC	47. ABCD	48. ABC	49. BC	50. ABCD
51. AB	52. CD	53. ABC	54. ABC	55. ABCDE
56. BCD	57 ABC	58. ACD	59. ABD	60. ABCD
61. ABC	62. ABD	63. AD	64. CD	65. ABCD

66. AD	67. ABD	68. ACD	69. ABC	70. AB
71. ABC	72. ABC	73. AB	74. ABC	75. ABD
76. BCD	77. AC	78. AD	79. ABCE	80. ACD
81. AC	82. ABCD	83. BD	84. ABCD	85. ABC
86. BCD	87. ABCD	88. ABD	89. AB	90. ABCE
91. BD	92. ABCD	93. BCD	94. ABD	95. ABC
96. ABCD	97. ABC	98. CDE	99. ABCD	100. ABCD